www.kidkiddos.com
Copyright©2015 by S. A. Publishing ©2017 by KidKiddos Books Ltd.
support@kidkiddos.com

All rights reserved. No part of this book may be reproduced in any form or by any electronic or mechanical means, including information storage and retrieval systems, without written permission from the publisher or author, except in the case of a reviewer, who may quote brief passages embodied in critical articles or in a review.
Second edition, 2020

Library and Archives Canada Cataloguing in Publication Data
Boxer and Brandon (Italian English Bilingual Edition)
ISBN: 978-1-5259-2285-5 paperback
ISBN: 978-1-77268-742-2 hardcover
ISBN: 978-1-77268-740-8 eBook

Please note that the Italian and English versions of the story have been written to be as close as possible. However, in some cases they differ in order to accommodate nuances and fluidity of each language.

Creazione di Inna Nusinsky
Created by Inna Nusinsky

Illustrazioni di Gillian Tolentino
Illustrations by Gillian Tolentino
Traduzione dall'inglese di Sara Adinolfi
Translated from English by Sara Adinolfi

Ciao, mi chiamo Boxer. Piacere di conoscerti! Questa è la storia di come sono entrato a far parte della mia nuova famiglia.

Hello, my name is Boxer. Nice to meet you! This is the story of how I got my new family.

È iniziato tutto quando avevo due anni.
It all started when I was two years old.

Non avevo una casa. Vivevo per strada e mangiavo ciò che trovavo nei bidoni della spazzatura. Si arrabbiavano tutti con me quando rovesciavo i bidoni per terra.
I was homeless. I lived on the street and ate out of garbage cans. People got pretty mad at me when I knocked over their trash cans.

"Sparisci!" gridavano. A volte dovevo correre via in fretta!
"Get out of here!" they would shout. Sometimes I had to run away really fast!

Vivere in città può essere davvero difficile.
Living in the city can be hard.

Alcune volte, rivolgevo loro uno sguardo triste, così mi davano da mangiare.

When I wasn't looking for food, I liked to sit and watch people walk by on the sidewalk.

Quando non ero alla ricerca di cibo, mi piaceva stare seduto a osservare i passanti che camminavano sul marciapiede.

Sometimes, I would look at people with my sad eyes and they would give me food.

"Oh, che carino! Tieni, ecco uno spuntino" dicevano.

"Oh, what a cute doggy! Here, have a snack," they would say.

"Brandon, non dar da mangiare a quel cane! Ne vorrà ancora" ha esclamato suo padre. Brandon ha ritirato il panino.

"Brandon, don't feed that dog! He'll just come looking for more," exclaimed his dad. Brandon pulled the sandwich back.

Ci ero così vicino, potevo sentire l'odore del burro di arachidi! I genitori non vogliono mai darmi nulla!

So close—I could smell the peanut butter! Parents never want to share with me!

Ho piagnucolato nel modo più disperato che ho potuto, mentre si allontanavano.

I whined as pitifully as I could as they walked away.

Dopo di che ho deciso di dar la caccia a un gatto, e poi ho fatto un pisolino. Stavo facendo un sogno stupendo.

After that, I decided to chase a cat, and then I took a nap. I was having a wonderful dream.

Ero nel parco e tutto era fatto di carne! Gli alberi erano bistecche! Era il sogno più bello di sempre.

I was in a park and everything was made from meat—the grass was bacon! The trees were steaks! It was the best dream ever.

All'improvviso, qualcosa mi ha svegliato. Proprio di fronte a me c'era un pezzo di panino! Sono saltato in piedi e l'ho ingoiato in un sol boccone.

Something woke me up, though. Right in front of me was a piece of a sandwich! I jumped to my feet and gobbled it down.

Mmmm! Era così buono! Proprio come nel sogno.

Mmmmm! It was so good! Just like my dream.

"Shhh" ha detto Brandon. "Non dirlo a papà". Che bravo bambino, ho pensato fra me e me.

"Shh," said Brandon. "Don't tell Dad." What a nice little boy, I thought to myself.

Giorno dopo giorno, Brandon veniva da me e mi portava qualcosa da mangiare. Poi, un giorno...

Day after day, Brandon would come visit me and give me a snack. Then, one day...

"Sbrigati Brandon. Farai tardi a scuola" disse suo padre.

"Hurry up, Brandon. You'll be late for school," said Brandon's dad.

"Arrivo!" ha gridato Brandon di corsa, facendo cadere sul marciapiede un sacchetto marrone.

"I'm coming!" shouted Brandon as he ran past, dropping a brown bag on the sidewalk.

Ho annusato un po' l'aria, mi sono avvicinato e ho guardato dentro. Era pieno di cibo!

Sniffing around, I walked up to it and looked inside. It was full of food!

Stavo per mangiare tutto, quando ho fatto una riflessione: Brandon mi porta sempre del cibo quando ho fame. Se però mangio il suo pranzo sarà lui ad avere fame. Non è giusto.

I was just about to eat it all when I thought of something. *Brandon always brings me food when I'm hungry. If I eat his food, then he'll be hungry. That isn't fair.*

"Sto arrivando, Brandon!" Ho abbaiato.
"I'm coming, Brandon!" I howled.

Lui e suo padre erano in strada. Li ho rincorsi con il sacchetto tra i denti.
He and his dad were way down the street. I ran after them with the brown bag in my mouth.

Mentre stavo attraversando un vicolo, ho visto un gatto. Odio i gatti! A quel punto ho dimenticato la mia missione e ho lasciato il sacchetto.

As I was passing an alleyway, I saw a cat. I hate cats! I forgot about my mission and dropped the bag.

"Bau, via di qua, gattaccio!" Ho abbaiato.

"Bark, get out of here, cat! Bark, bark!" I barked.

Ma poi mi sono ricordato del pranzo di Brandon. Non avrebbe avuto niente da mangiare se non gli avessi portato il pranzo!

Then I remembered Brandon's lunch. He was going to be hungry if I didn't bring him his lunch!

È stato difficile, ma ho lasciato perdere il gatto. Ho ripreso il sacchetto marrone e ho ricominciato a correre.

It was hard, but I forgot about the cat. I picked up the brown bag again and started running.

Dopo un po', mi sono fermato di nuovo. Una macelleria!

Further down the street, I stopped again. A butcher shop!

C'erano salsicce e pezzi di carne penzolanti, ovunque. Mmmmm...

There were pieces of meat and sausages hanging everywhere. Mmmmm...

Aspetta! Dovevo riportare il pranzo a Brandon o non avrebbe avuto nulla da mangiare.

Wait! I had to bring Brandon his lunch or he was going to be hungry!

È stato difficile, ma ho lasciato perdere la carne. Ho afferrato il pranzo e ripreso la corsa, ancora una volta.

It was hard, but I forgot about the meat. I grabbed the lunch and started running

Voltato l'angolo mi sono fermato. C'era un altro cane che scodinzolava.

I turned a corner and stopped. There was another dog wagging his tail.

"Ciao, ti va di giocare?" mi ha chiesto.

"Hi, want to play?" he woofed.

"Certo!" Ho risposto. "Oh, aspetta, ora non posso. Devo portare il pranzo a Brandon".

"I sure do!" I answered. "Oh, wait, I can't right now. I have to bring Brandon his lunch."

È stato difficile, ma ho lasciato perdere ancheil gioco. Ho afferrato il pranzo e ripreso di nuovo la corsa.

It was hard, but I forgot about playing. I grabbed the lunch and started running again.

Riuscivo a vedere la scuola, e là c'era Brandon con suo padre! Ho corso più veloce che potevo.

I could see the school—and there was Brandon with his dad! I ran as fast as I could.

Mi sono fermato davanti a Brandon, ho posato il sacchetto con il pranzo a terra. Appena in tempo!

Stopping in front of Brandon, I dropped his lunch bag on the sidewalk. Just in time!

"Guarda, papà, mi ha riportato il pranzo!" ha esclamato Brandon.
"Look, Dad, he brought my lunch!" exclaimed Brandon.

"Wow, davvero. È incredibile!" ha detto il padre. Entrambi mi hanno fatto una carezza.
"Wow, he sure did. That's amazing!" said his dad. They both patted me on the head.

Brandon era molto felice, e anche suo padre lo era.

Brandon was happy and so was his dad.

Il padre era così felice che mi ha portato a casa con lui. Mi ha fatto un bagno. Mi ha dato da mangiare!

In fact, his dad was so happy that he brought me home. He gave me a bath. He gave me food!

Ora, quando Brandon e suo padre escono a fare una passeggiata, esco anch'io con loro. Quando tornano a casa, torno anch'io insieme a loro!

Now when Brandon and his dad go walking, I get to walk with them. And when they go home, I get to go home with them!

Adoro la mia nuova casa e la mia nuova famiglia!

I love my new home and my new family!

www.ingramcontent.com/pod-product-compliance
Lightning Source LLC
Chambersburg PA
CBHW061133070526
44584CB00033B/4316